« Il n y a pas d'heure pour un ti'punch ! »

C'est (à peu près) vrai.
En revanche, il y'a un temps pour tout et voila venu le temps de déguster un bon rhum de votre réserve personnelle.

La maison d'édition Lemon Paper® vous conseille de vous munir d'un verre tulipe et d'une boussole pour vous lancer dans l'exploration de toutes ces belles références .

Qu'il s'agisse d'un rhum agricole, d'un rhum traditionnel, d'un millésimé ou d'un rhum blanc, chaque élixir raconte une histoire à travers ses assemblages, sa gamme de saveurs et sa distillation.
La maison d'édition Lemon Paper® ne s'inscrit pas dans la logique du "beaucoup boire" mais plutôt du "mieux boire".
Avec modération évidemment !

Servez-vous de ce carnet comme d'une cave à souvenirs aromatiques.

Bonne dégustation et bon voyage !

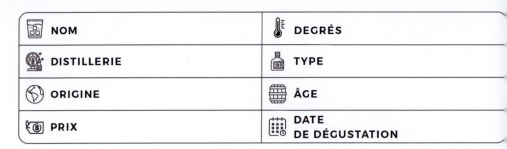

🥃 **NOM**	🌡️ **DEGRÉS**
⚗️ **DISTILLERIE**	🍾 **TYPE**
🌍 **ORIGINE**	🛢️ **ÂGE**
💵 **PRIX**	📅 **DATE DE DÉGUSTATION**

COLORIMÉTRIE

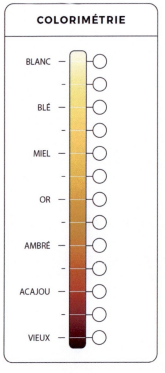

- BLANC
- BLÉ
- MIEL
- OR
- AMBRÉ
- ACAJOU
- VIEUX

LA ROUE DES ARÔMES

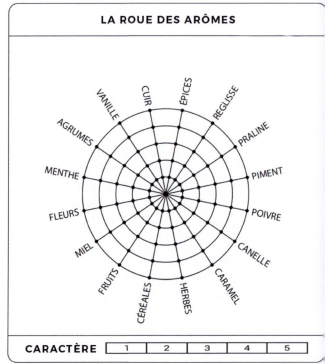

VANILLE · CUIR · ÉPICES · REGLISSE · PRALINE · PIMENT · POIVRE · CANELLE · CARAMEL · HERBES · CÉRÉALES · FRUITS · MIEL · FLEURS · MENTHE · AGRUMES

CARACTÈRE | 1 | 2 | 3 | 4 | 5 |

NOTES

1er NEZ: **2ème NEZ:**

BOUCHE:

NOTE FINALE

🍾 ROBE	☆☆☆☆☆
🎋 ARÔMES	☆☆☆☆☆
👄 BOUCHE	☆☆☆☆☆
✋ MOYENNE GÉNÉRALE	☆☆☆☆☆

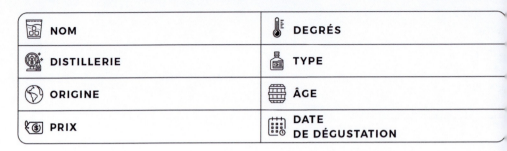

NOM		**DEGRÉS**	
DISTILLERIE		**TYPE**	
ORIGINE		**ÂGE**	
PRIX		**DATE DE DÉGUSTATION**	

COLORIMÉTRIE

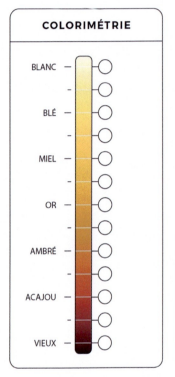

BLANC —
—
BLÉ —
—
MIEL —
—
OR —
—
AMBRÉ —
—
ACAJOU —
—
VIEUX —

LA ROUE DES ARÔMES

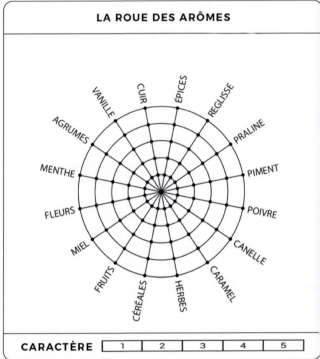

VANILLE · CUIR · ÉPICES · RÉGLISSE · PRALINE · PIMENT · POIVRE · CANELLE · CARAMEL · HERBES · CÉRÉALES · FRUITS · MIEL · FLEURS · MENTHE · AGRUMES

CARACTÈRE

1	2	3	4	5

NOTES

1ER NEZ: **2ÈME NEZ:**

BOUCHE:

NOTE FINALE

ROBE	☆☆☆☆☆	
ARÔMES	☆☆☆☆☆	
BOUCHE	☆☆☆☆☆	
MOYENNE GÉNÉRALE	☆☆☆☆☆	

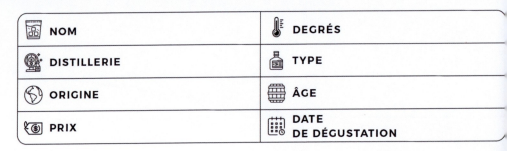

🥃 **NOM**	🌡️ **DEGRÉS**
⚗️ **DISTILLERIE**	🍾 **TYPE**
🌍 **ORIGINE**	🛢️ **ÂGE**
💵 **PRIX**	📅 **DATE DE DÉGUSTATION**

COLORIMÉTRIE

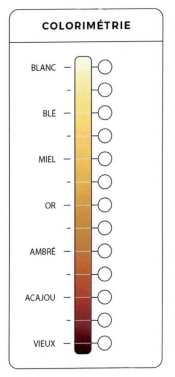

BLANC —
—
BLÉ —
—
MIEL —
—
OR —
—
AMBRÉ —
—
ACAJOU —
—
VIEUX —

LA ROUE DES ARÔMES

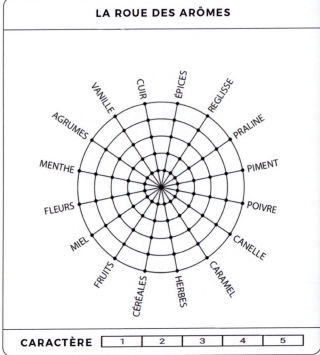

VANILLE · CUIR · ÉPICES · RÉGLISSE · PRALINE · PIMENT · POIVRE · CANELLE · CARAMEL · HERBES · CÉRÉALES · FRUITS · MIEL · FLEURS · MENTHE · AGRUMES

CARACTÈRE

1	2	3	4	5

NOTES

1er NEZ: | **2ème NEZ:**

BOUCHE:

NOTE FINALE

🍶 ROBE ☆☆☆☆☆

🎛️ ARÔMES ☆☆☆☆☆

👄 BOUCHE ☆☆☆☆☆

🖐️ MOYENNE GÉNÉRALE ☆☆☆☆☆

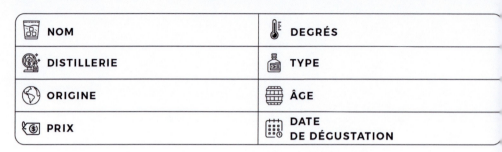

NOM	**DEGRÉS**
DISTILLERIE	**TYPE**
ORIGINE	**ÂGE**
PRIX	**DATE DE DÉGUSTATION**

COLORIMÉTRIE

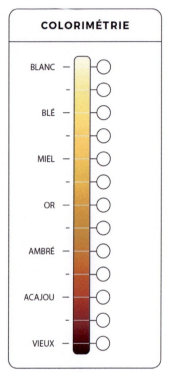

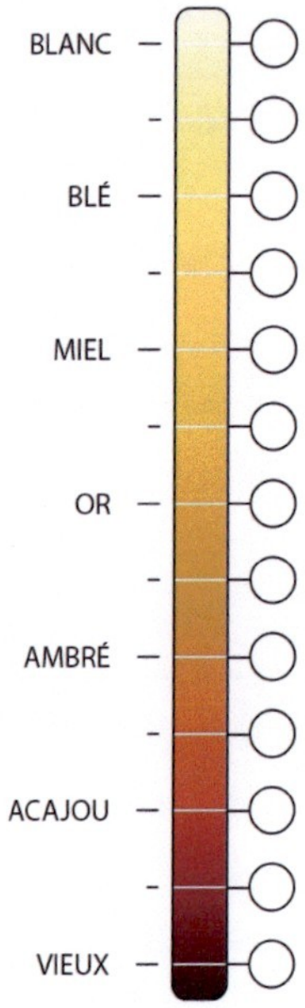
BLANC
BLÉ
MIEL
OR
AMBRÉ
ACAJOU
VIEUX

LA ROUE DES ARÔMES

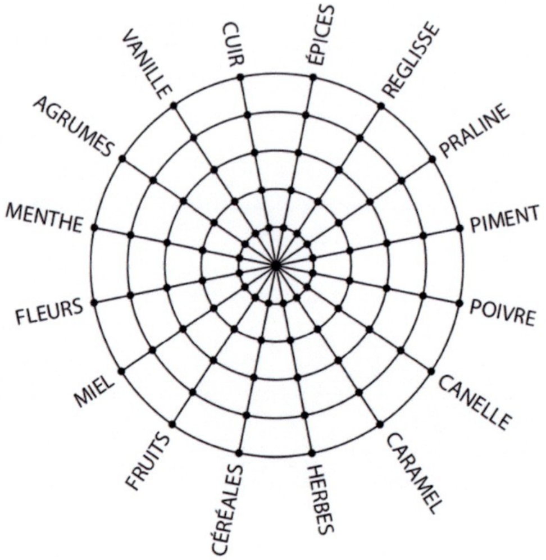
CUIR
ÉPICES
REGLISSE
PRALINE
PIMENT
POIVRE
CANELLE
CARAMEL
HERBES
CÉRÉALES
FRUITS
MIEL
FLEURS
MENTHE
AGRUMES
VANILLE

CARACTÈRE

1	2	3	4	5

NOTES

1ER NEZ:

2ÈME NEZ:

BOUCHE:

NOTE FINALE

ROBE ☆☆☆☆☆

ARÔMES ☆☆☆☆☆

BOUCHE ☆☆☆☆☆

MOYENNE GÉNÉRALE ☆☆☆☆☆

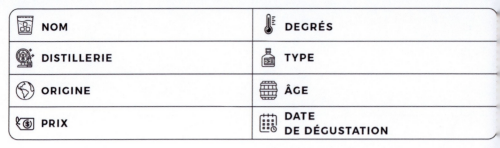

	NOM		DEGRÉS
	DISTILLERIE		TYPE
	ORIGINE		ÂGE
	PRIX		DATE DE DÉGUSTATION

COLORIMÉTRIE

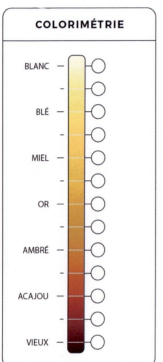

BLANC

BLÉ

MIEL

OR

AMBRÉ

ACAJOU

VIEUX

LA ROUE DES ARÔMES

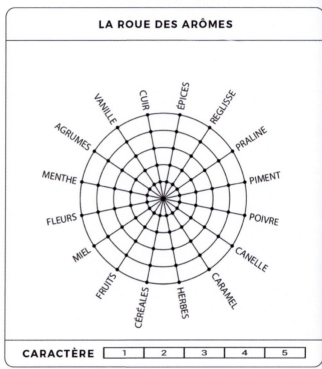

CARACTÈRE	1	2	3	4	5

NOTES

1er NEZ: 2ème NEZ:

BOUCHE:

NOTE FINALE

ROBE	☆☆☆☆☆	
ARÔMES	☆☆☆☆☆	
BOUCHE	☆☆☆☆☆	
MOYENNE GÉNÉRALE	☆☆☆☆☆	

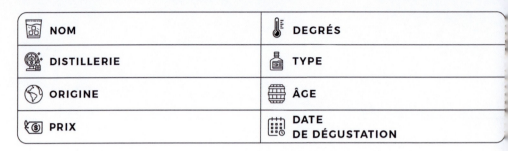

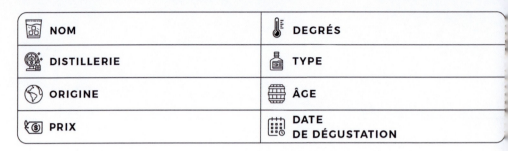 NOM	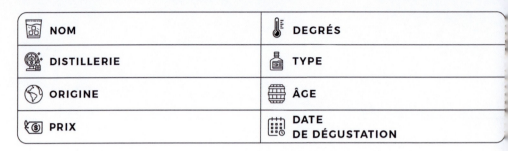 DEGRÉS
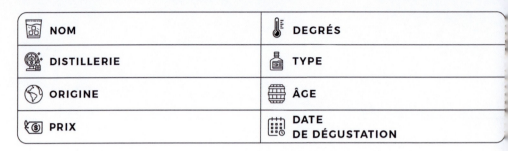 DISTILLERIE	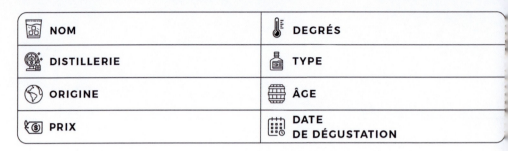 TYPE
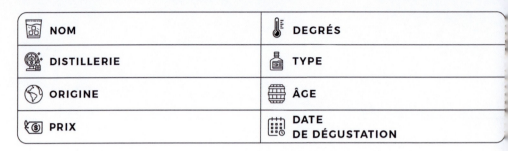 ORIGINE	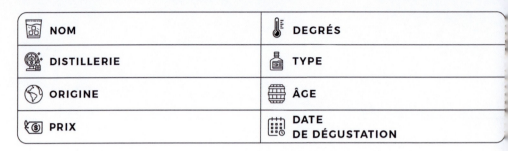 ÂGE
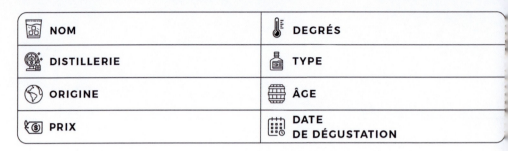 PRIX	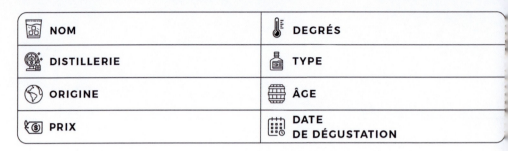 DATE DE DÉGUSTATION

COLORIMÉTRIE

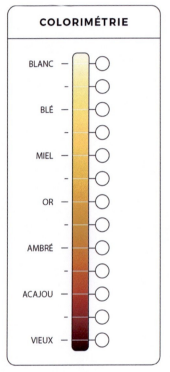

BLANC
—
BLÉ
—
MIEL
—
OR
—
AMBRÉ
—
ACAJOU
—
VIEUX

LA ROUE DES ARÔMES

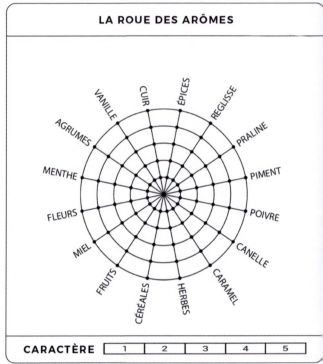

VANILLE · CUIR · ÉPICES · REGLISSE · PRALINE · AGRUMES · PIMENT · MENTHE · POIVRE · FLEURS · CANELLE · MIEL · CARAMEL · FRUITS · HERBES · CÉRÉALES

CARACTÈRE | 1 | 2 | 3 | 4 | 5 |

NOTES

1ER NEZ: **2ÈME NEZ:**

BOUCHE:

NOTE FINALE

ROBE	☆☆☆☆☆
ARÔMES	☆☆☆☆☆
BOUCHE	☆☆☆☆☆
MOYENNE GÉNÉRALE	☆☆☆☆☆

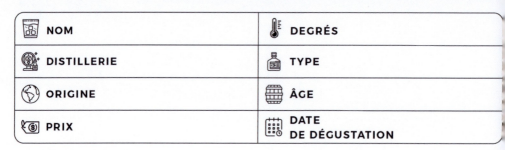

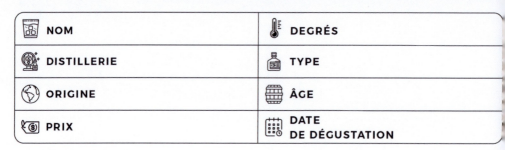 NOM	🌡 DEGRÉS
🍶 DISTILLERIE	🍶 TYPE
🌍 ORIGINE	🛢 ÂGE
💰 PRIX	📅 DATE DE DÉGUSTATION

COLORIMÉTRIE

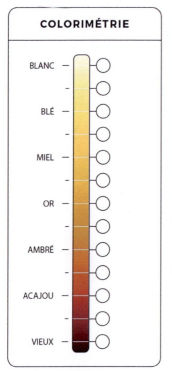

BLANC —

BLÉ —

MIEL —

OR —

AMBRÉ —

ACAJOU —

VIEUX —

LA ROUE DES ARÔMES

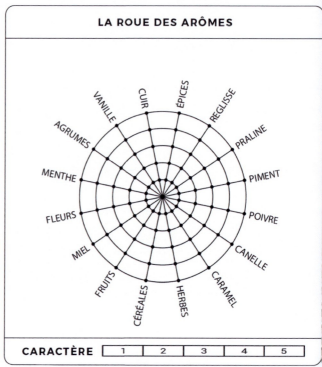

VANILLE · CUIR · ÉPICES · RÉGLISSE · PRALINE · PIMENT · POIVRE · CANELLE · CARAMEL · HERBES · CÉRÉALES · FRUITS · MIEL · FLEURS · MENTHE · AGRUMES

CARACTÈRE	1	2	3	4	5

NOTES

1er NEZ: **2ème NEZ:**

BOUCHE:

NOTE FINALE

🍾 ROBE	☆☆☆☆☆
🎋 ARÔMES	☆☆☆☆☆
👄 BOUCHE	☆☆☆☆☆
✋ MOYENNE GÉNÉRALE	☆☆☆☆☆

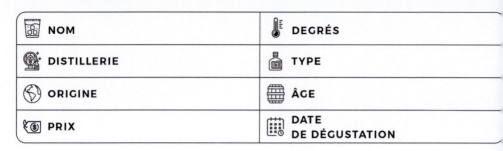

	NOM		DEGRÉS
	DISTILLERIE		TYPE
	ORIGINE		ÂGE
	PRIX		DATE DE DÉGUSTATION

COLORIMÉTRIE

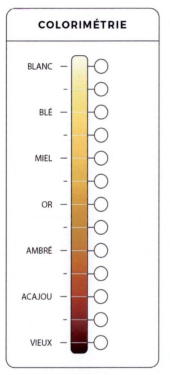

BLANC —

—

BLÉ —

—

MIEL —

—

OR —

—

AMBRÉ —

—

ACAJOU —

—

VIEUX —

LA ROUE DES ARÔMES

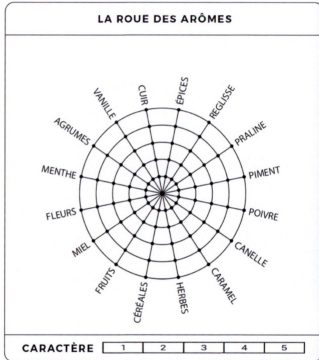

VANILLE · CUIR · ÉPICES · RÉGLISSE · AGRUMES · PRALINE · MENTHE · PIMENT · FLEURS · POIVRE · MIEL · CANELLE · FRUITS · CARAMEL · CÉRÉALES · HERBES

CARACTÈRE	1	2	3	4	5

NOTES

1er NEZ: 2ème NEZ:

BOUCHE:

NOTE FINALE

	ROBE	☆☆☆☆☆
	ARÔMES	☆☆☆☆☆
	BOUCHE	☆☆☆☆☆
	MOYENNE GÉNÉRALE	☆☆☆☆☆

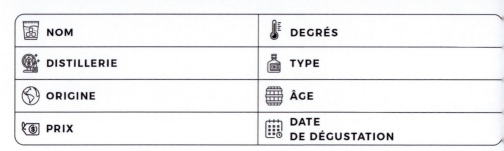

🥃 NOM	🌡️ DEGRÉS
🏭 DISTILLERIE	🍶 TYPE
🌍 ORIGINE	🛢️ ÂGE
💸 PRIX	📅 DATE DE DÉGUSTATION

COLORIMÉTRIE

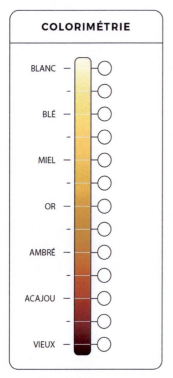

BLANC —
–
BLÉ —
MIEL —
–
OR —
–
AMBRÉ —
–
ACAJOU —
–
VIEUX —

LA ROUE DES ARÔMES

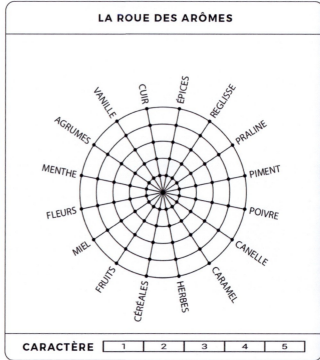

VANILLE · CUIR · ÉPICES · RÉGLISSE · PRALINE · PIMENT · POIVRE · CANELLE · CARAMEL · HERBES · CÉRÉALES · FRUITS · MIEL · FLEURS · MENTHE · AGRUMES

CARACTÈRE	1	2	3	4	5

NOTES

1er NEZ: 2ème NEZ:

BOUCHE:

NOTE FINALE

🍾 ROBE	☆☆☆☆☆
🎋 ARÔMES	☆☆☆☆☆
👄 BOUCHE	☆☆☆☆☆
☆ MOYENNE GÉNÉRALE	☆☆☆☆☆

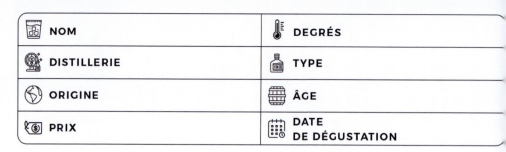

	NOM		DEGRÉS
	DISTILLERIE		TYPE
	ORIGINE		ÂGE
	PRIX		DATE DE DÉGUSTATION

COLORIMÉTRIE

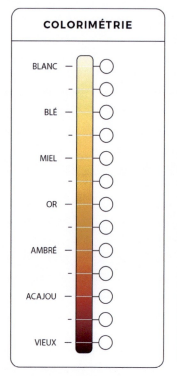

- BLANC
- BLÉ
- MIEL
- OR
- AMBRÉ
- ACAJOU
- VIEUX

LA ROUE DES ARÔMES

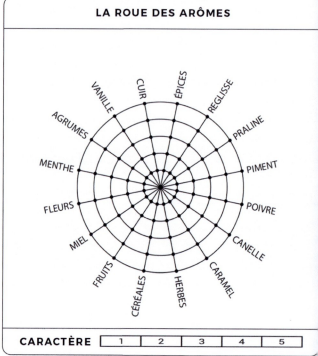

VANILLE — CUIR — ÉPICES — RÉGLISSE — AGRUMES — PRALINE — MENTHE — PIMENT — FLEURS — POIVRE — MIEL — CANELLE — FRUITS — CARAMEL — CÉRÉALES — HERBES

CARACTÈRE	1	2	3	4	5

NOTES

1ᴱᴿ NEZ: 2ᴱᴹᴱ NEZ:

BOUCHE:

NOTE FINALE

ROBE	☆☆☆☆☆	
ARÔMES	☆☆☆☆☆	
BOUCHE	☆☆☆☆☆	
MOYENNE GÉNÉRALE	☆☆☆☆☆	

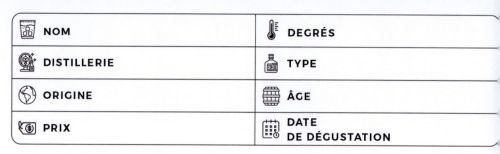

NOM	🌡 DEGRÉS
🏭 DISTILLERIE	🍾 TYPE
🌍 ORIGINE	🛢 ÂGE
💰 PRIX	📅 DATE DE DÉGUSTATION

COLORIMÉTRIE

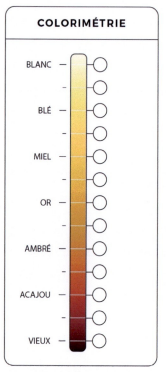

BLANC —

BLÉ —

MIEL —

OR —

AMBRÉ —

ACAJOU —

VIEUX —

LA ROUE DES ARÔMES

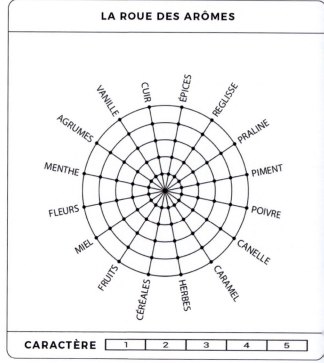

| CARACTÈRE | 1 | 2 | 3 | 4 | 5 |

NOTES

1ER NEZ: 2ÈME NEZ:

BOUCHE:

NOTE FINALE

🍾 ROBE ☆☆☆☆☆

🧹 ARÔMES ☆☆☆☆☆

👄 BOUCHE ☆☆☆☆☆

🖐 MOYENNE GÉNÉRALE ☆☆☆☆☆

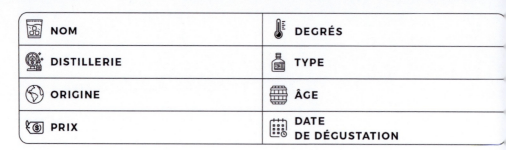

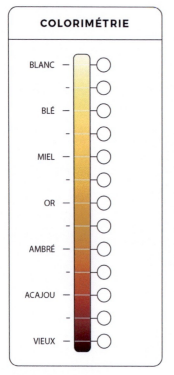 NOM	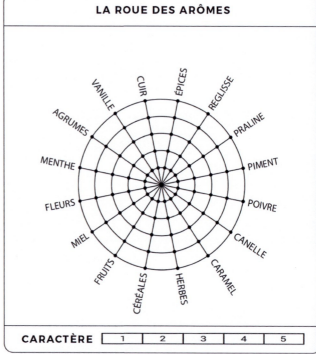 DEGRÉS
DISTILLERIE	TYPE
ORIGINE	ÂGE
PRIX	DATE DE DÉGUSTATION

COLORIMÉTRIE

- BLANC
- BLÉ
- MIEL
- OR
- AMBRÉ
- ACAJOU
- VIEUX

LA ROUE DES ARÔMES

VANILLE · CUIR · ÉPICES · RÉGLISSE · AGRUMES · PRALINE · MENTHE · PIMENT · FLEURS · POIVRE · MIEL · CANELLE · FRUITS · CARAMEL · CÉRÉALES · HERBES

CARACTÈRE

1	2	3	4	5

NOTES

1ER NEZ:

2ÈME NEZ:

BOUCHE:

NOTE FINALE

ROBE	☆☆☆☆☆
ARÔMES	☆☆☆☆☆
BOUCHE	☆☆☆☆☆
MOYENNE GÉNÉRALE	☆☆☆☆☆

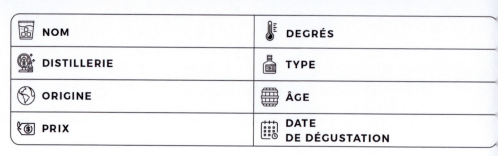

🥃 **NOM**	🌡️ **DEGRÉS**
⚗️ **DISTILLERIE**	🍾 **TYPE**
🌍 **ORIGINE**	🛢️ **ÂGE**
💰 **PRIX**	📅 **DATE DE DÉGUSTATION**

COLORIMÉTRIE

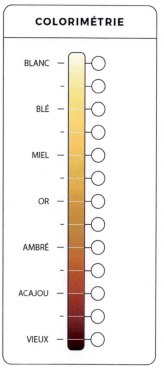

BLANC

BLÉ

MIEL

OR

AMBRÉ

ACAJOU

VIEUX

LA ROUE DES ARÔMES

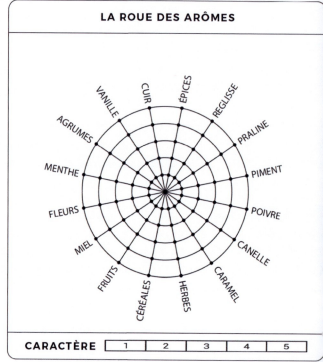

VANILLE · CUIR · ÉPICES · RÉGLISSE · PRALINE · AGRUMES · MENTHE · FLEURS · MIEL · FRUITS · CÉRÉALES · HERBES · CARAMEL · CANELLE · POIVRE · PIMENT

CARACTÈRE	1	2	3	4	5

NOTES

1er NEZ: **2ème NEZ:**

BOUCHE:

NOTE FINALE

🍾 ROBE ☆☆☆☆☆

🎚️ ARÔMES ☆☆☆☆☆

👄 BOUCHE ☆☆☆☆☆

🖐️ MOYENNE GÉNÉRALE ☆☆☆☆☆

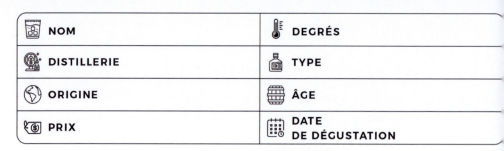

🥃 **NOM**	🌡️ **DEGRÉS**
🗜️ **DISTILLERIE**	🍶 **TYPE**
🌍 **ORIGINE**	🛢️ **ÂGE**
💸 **PRIX**	📅 **DATE DE DÉGUSTATION**

COLORIMÉTRIE

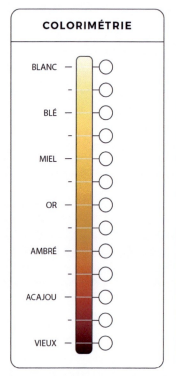

BLANC

BLÉ

MIEL

OR

AMBRÉ

ACAJOU

VIEUX

LA ROUE DES ARÔMES

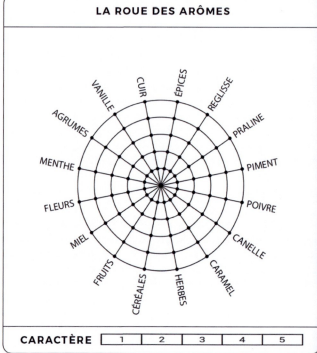

VANILLE — CUIR — ÉPICES — RÉGLISSE — PRALINE — PIMENT — POIVRE — CANELLE — CARAMEL — HERBES — CÉRÉALES — FRUITS — MIEL — FLEURS — MENTHE — AGRUMES

CARACTÈRE	1	2	3	4	5

NOTES

1er NEZ: **2ème NEZ:**

BOUCHE:

NOTE FINALE

🍾 ROBE	☆☆☆☆☆
🎋 ARÔMES	☆☆☆☆☆
👄 BOUCHE	☆☆☆☆☆
🖐️ MOYENNE GÉNÉRALE	☆☆☆☆☆

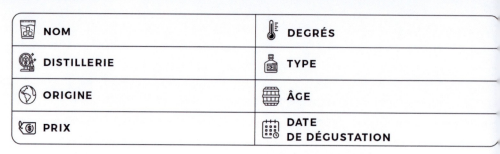

🥃 **NOM**	🌡️ **DEGRÉS**
⚗️ **DISTILLERIE**	🍾 **TYPE**
🌍 **ORIGINE**	🛢️ **ÂGE**
💵 **PRIX**	📅 **DATE DE DÉGUSTATION**

COLORIMÉTRIE

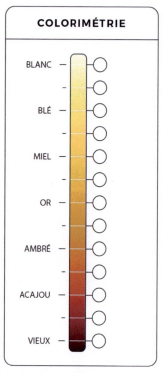

BLANC —
—
BLÉ —
—
MIEL —
—
OR —
—
AMBRÉ —
—
ACAJOU —
—
VIEUX —

LA ROUE DES ARÔMES

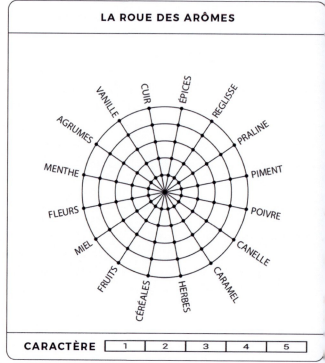

VANILLE · CUIR · ÉPICES · RÉGLISSE · PRALINE · AGRUMES · MENTHE · PIMENT · FLEURS · POIVRE · MIEL · CANELLE · FRUITS · CARAMEL · CÉRÉALES · HERBES

CARACTÈRE	1	2	3	4	5

NOTES

1ER NEZ: **2ÈME NEZ:**

BOUCHE:

NOTE FINALE

🍾 ROBE	☆☆☆☆☆
🌿 ARÔMES	☆☆☆☆☆
👄 BOUCHE	☆☆☆☆☆
✋ MOYENNE GÉNÉRALE	☆☆☆☆☆

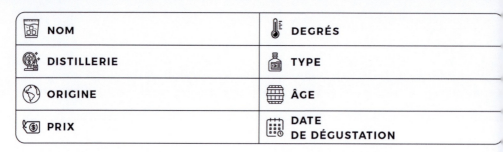

	NOM		DEGRÉS
	DISTILLERIE		TYPE
	ORIGINE		ÂGE
	PRIX		DATE DE DÉGUSTATION

COLORIMÉTRIE

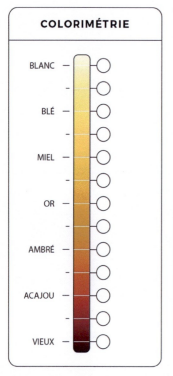

BLANC

BLÉ

MIEL

OR

AMBRÉ

ACAJOU

VIEUX

LA ROUE DES ARÔMES

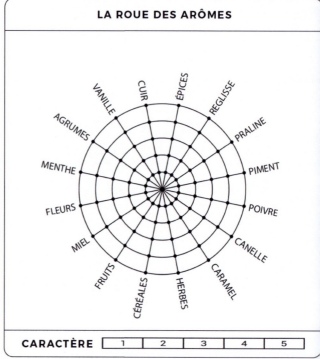

VANILLE · CUIR · ÉPICES · RÉGLISSE · PRALINE · PIMENT · POIVRE · CANELLE · CARAMEL · HERBES · CÉRÉALES · FRUITS · MIEL · FLEURS · MENTHE · AGRUMES

CARACTÈRE	1	2	3	4	5

NOTES

1ᴇʀ NEZ: **2ᴇᴍᴇ NEZ:**

BOUCHE:

NOTE FINALE

ROBE	☆☆☆☆☆	
ARÔMES	☆☆☆☆☆	
BOUCHE	☆☆☆☆☆	
MOYENNE GÉNÉRALE	☆☆☆☆☆	

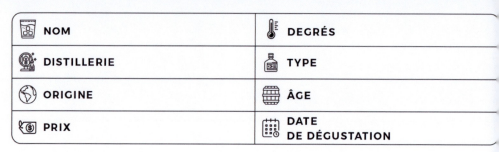

NOM	**DEGRÉS**
DISTILLERIE	**TYPE**
ORIGINE	**ÂGE**
PRIX	**DATE DE DÉGUSTATION**

COLORIMÉTRIE

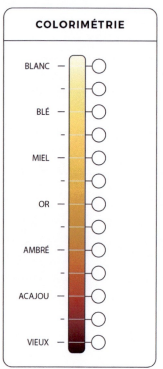

BLANC

BLÉ

MIEL

OR

AMBRÉ

ACAJOU

VIEUX

LA ROUE DES ARÔMES

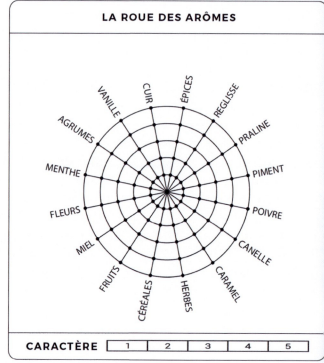

CARACTÈRE	1	2	3	4	5

NOTES

1er NEZ: **2ème NEZ:**

BOUCHE:

NOTE FINALE

ROBE	☆☆☆☆☆	
ARÔMES	☆☆☆☆☆	
BOUCHE	☆☆☆☆☆	
MOYENNE GÉNÉRALE	☆☆☆☆☆	

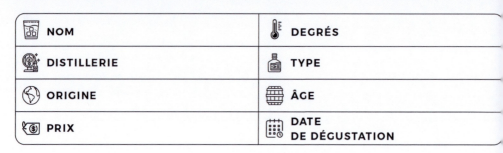

	NOM		DEGRÉS
	DISTILLERIE		TYPE
	ORIGINE		ÂGE
	PRIX		DATE DE DÉGUSTATION

COLORIMÉTRIE

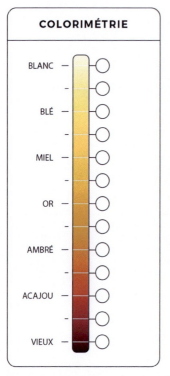

BLANC —

BLÉ —

MIEL —

OR —

AMBRÉ —

ACAJOU —

VIEUX —

LA ROUE DES ARÔMES

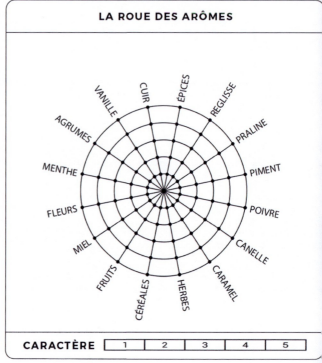

VANILLE · CUIR · ÉPICES · REGLISSE · PRALINE · PIMENT · POIVRE · CANELLE · CARAMEL · HERBES · CÉRÉALES · FRUITS · MIEL · FLEURS · MENTHE · AGRUMES

CARACTÈRE	1	2	3	4	5

NOTES

1ᴇʀ NEZ: **2ᴇᴍᴇ NEZ:**

BOUCHE:

NOTE FINALE

ROBE	☆☆☆☆☆	
ARÔMES	☆☆☆☆☆	
BOUCHE	☆☆☆☆☆	
MOYENNE GÉNÉRALE	☆☆☆☆☆	

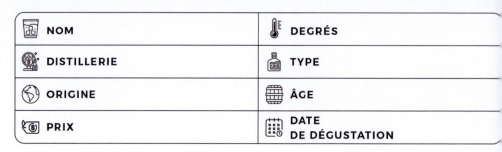

🥃 **NOM**		🌡️ **DEGRÉS**	
🏭 **DISTILLERIE**		🍾 **TYPE**	
🌍 **ORIGINE**		🛢️ **ÂGE**	
💵 **PRIX**		📅 **DATE DE DÉGUSTATION**	

COLORIMÉTRIE

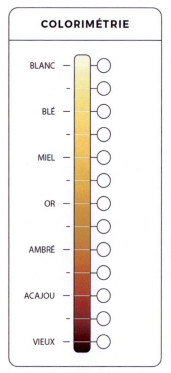

BLANC —
—
BLÉ —
—
MIEL —
—
OR —
—
AMBRÉ —
—
ACAJOU —
—
VIEUX —

LA ROUE DES ARÔMES

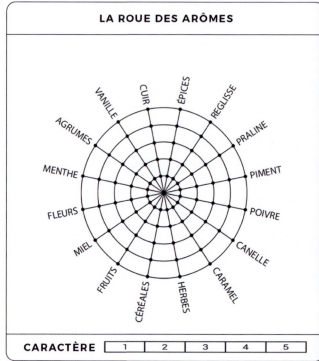

VANILLE · CUIR · ÉPICES · RÉGLISSE · AGRUMES · PRALINE · MENTHE · PIMENT · FLEURS · POIVRE · MIEL · CANELLE · FRUITS · CARAMEL · CÉRÉALES · HERBES

CARACTÈRE	1	2	3	4	5

NOTES

1er NEZ: **2ème NEZ:**

BOUCHE:

NOTE FINALE

🍾 ROBE	☆☆☆☆☆	
🌾 ARÔMES	☆☆☆☆☆	
👄 BOUCHE	☆☆☆☆☆	
✋ MOYENNE GÉNÉRALE	☆☆☆☆☆	

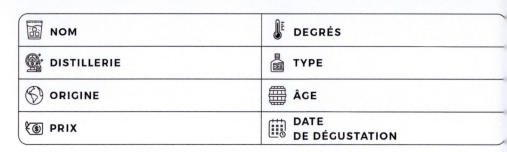

NOM	**DEGRÉS**
DISTILLERIE	**TYPE**
ORIGINE	**ÂGE**
PRIX	**DATE DE DÉGUSTATION**

COLORIMÉTRIE

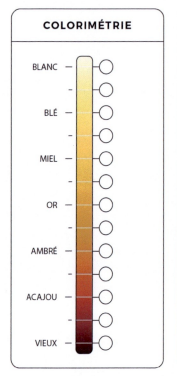

BLANC —
—
BLÉ —
—
MIEL —
—
OR —
—
AMBRÉ —
—
ACAJOU —
—
VIEUX —

LA ROUE DES ARÔMES

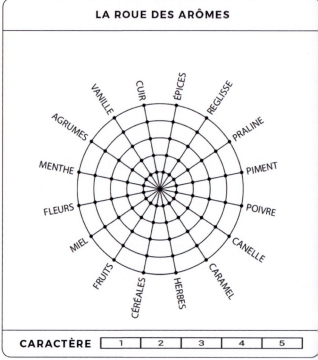

VANILLE · CUIR · ÉPICES · RÉGLISSE · PRALINE · AGRUMES · PIMENT · MENTHE · POIVRE · FLEURS · CANELLE · MIEL · CARAMEL · FRUITS · CÉRÉALES · HERBES

CARACTÈRE	1	2	3	4	5

NOTES

1ER NEZ: **2ÈME NEZ:**

BOUCHE:

NOTE FINALE

ROBE	☆☆☆☆☆
ARÔMES	☆☆☆☆☆
BOUCHE	☆☆☆☆☆
MOYENNE GÉNÉRALE	☆☆☆☆☆

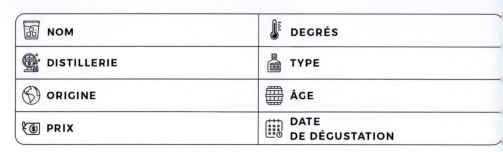

NOM	DEGRÉS
DISTILLERIE	TYPE
ORIGINE	ÂGE
PRIX	DATE DE DÉGUSTATION

COLORIMÉTRIE

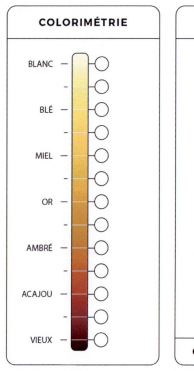

BLANC

BLÉ

MIEL

OR

AMBRÉ

ACAJOU

VIEUX

LA ROUE DES ARÔMES

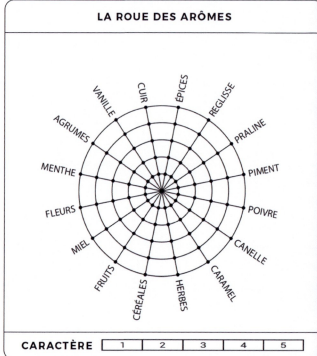

VANILLE · CUIR · ÉPICES · RÉGLISSE · PRALINE · PIMENT · POIVRE · CANELLE · CARAMEL · HERBES · CÉRÉALES · FRUITS · MIEL · FLEURS · MENTHE · AGRUMES

CARACTÈRE	1	2	3	4	5

NOTES

1er NEZ: **2ème NEZ:**

BOUCHE:

NOTE FINALE

ROBE	☆☆☆☆☆
ARÔMES	☆☆☆☆☆
BOUCHE	☆☆☆☆☆
MOYENNE GÉNÉRALE	☆☆☆☆☆

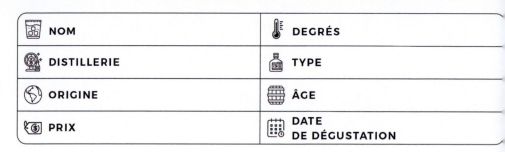

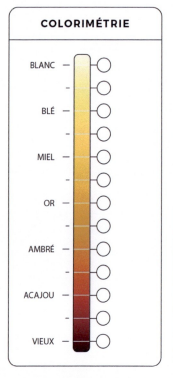 NOM	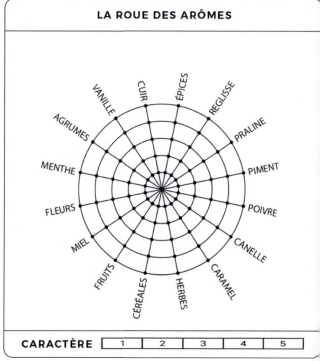 DEGRÉS
DISTILLERIE	TYPE
ORIGINE	ÂGE
PRIX	DATE DE DÉGUSTATION

COLORIMÉTRIE

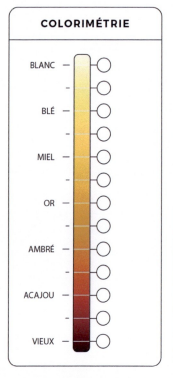

BLANC

BLÉ

MIEL

OR

AMBRÉ

ACAJOU

VIEUX

LA ROUE DES ARÔMES

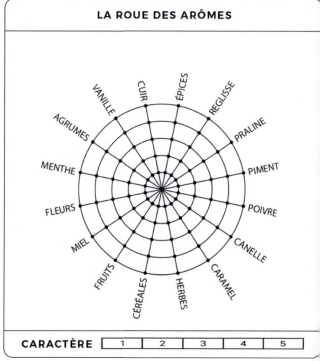

VANILLE · CUIR · ÉPICES · RÉGLISSE · PRALINE · PIMENT · POIVRE · CANELLE · CARAMEL · HERBES · CÉRÉALES · FRUITS · MIEL · FLEURS · MENTHE · AGRUMES

CARACTÈRE	1	2	3	4	5

NOTES

1ER NEZ: 2ÈME NEZ:

BOUCHE:

NOTE FINALE

ROBE	☆☆☆☆☆
ARÔMES	☆☆☆☆☆
BOUCHE	☆☆☆☆☆
MOYENNE GÉNÉRALE	☆☆☆☆☆

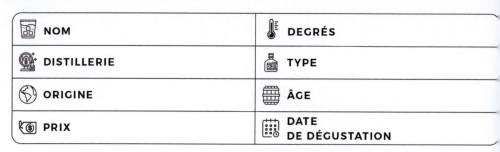

 NOM	 DEGRÉS
DISTILLERIE	TYPE
ORIGINE	ÂGE
PRIX	DATE DE DÉGUSTATION

COLORIMÉTRIE

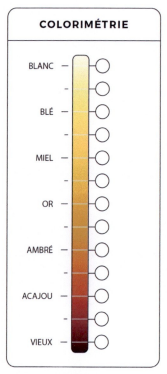

BLANC —

BLÉ —

MIEL —

OR —

AMBRÉ —

ACAJOU —

VIEUX —

LA ROUE DES ARÔMES

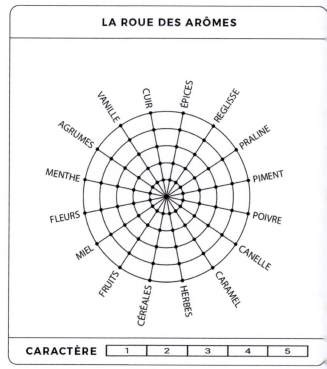

CARACTÈRE	1	2	3	4	5

NOTES

1ER NEZ: **2ÈME NEZ:**

BOUCHE:

NOTE FINALE

ROBE	☆☆☆☆☆
ARÔMES	☆☆☆☆☆
BOUCHE	☆☆☆☆☆
MOYENNE GÉNÉRALE	☆☆☆☆☆

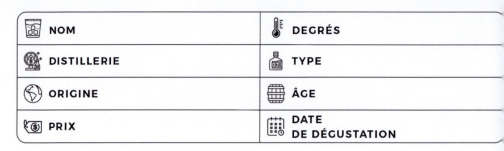

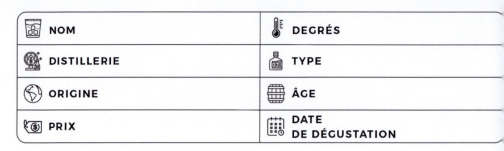 NOM	🌡 DEGRÉS
🏭 DISTILLERIE	🍾 TYPE
🌍 ORIGINE	🛢 ÂGE
💰 PRIX	📅 DATE DE DÉGUSTATION

COLORIMÉTRIE

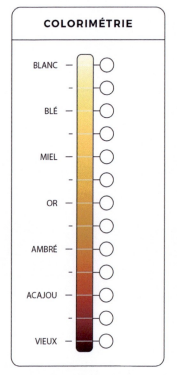

BLANC —

BLÉ —

MIEL —

OR —

AMBRÉ —

ACAJOU —

VIEUX —

LA ROUE DES ARÔMES

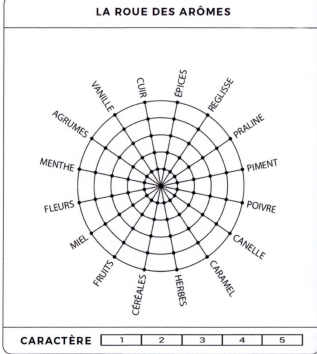

VANILLE — CUIR — ÉPICES — RÉGLISSE — PRALINE — AGRUMES — PIMENT — MENTHE — POIVRE — FLEURS — CANELLE — MIEL — CARAMEL — FRUITS — HERBES — CÉRÉALES

CARACTÈRE	1	2	3	4	5

NOTES

1er NEZ: **2ème NEZ:**

BOUCHE:

NOTE FINALE

🍾 ROBE	☆☆☆☆☆	
🌾 ARÔMES	☆☆☆☆☆	
👄 BOUCHE	☆☆☆☆☆	
✋ MOYENNE GÉNÉRALE	☆☆☆☆☆	

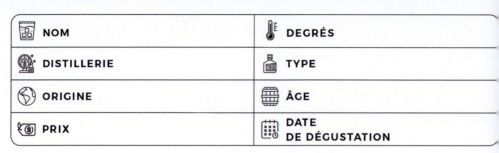

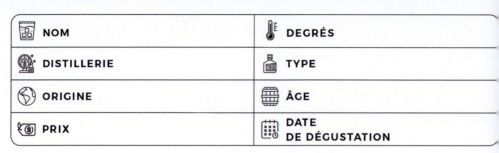 NOM	🌡 DEGRÉS
DISTILLERIE	TYPE
ORIGINE	ÂGE
PRIX	DATE DE DÉGUSTATION

COLORIMÉTRIE

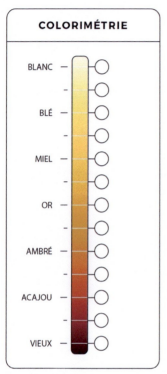

BLANC —
–
BLÉ —
–
MIEL —
–
OR —
–
AMBRÉ —
–
ACAJOU —
–
VIEUX —

LA ROUE DES ARÔMES

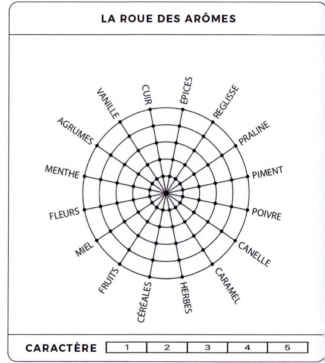

VANILLE · CUIR · ÉPICES · RÉGLISSE · PRALINE · AGRUMES · MENTHE · FLEURS · MIEL · FRUITS · CÉRÉALES · HERBES · CARAMEL · CANELLE · POIVRE · PIMENT

CARACTÈRE	1	2	3	4	5

NOTES

1ER NEZ: **2ÈME NEZ:**

BOUCHE:

NOTE FINALE

ROBE ☆☆☆☆☆

ARÔMES ☆☆☆☆☆

BOUCHE ☆☆☆☆☆

MOYENNE GÉNÉRALE ☆☆☆☆☆

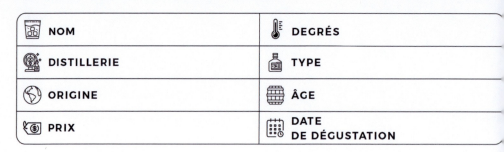

NOM	DEGRÉS
DISTILLERIE	TYPE
ORIGINE	ÂGE
PRIX	DATE DE DÉGUSTATION

COLORIMÉTRIE

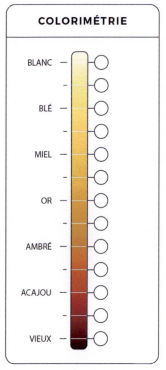

BLANC

BLÉ

MIEL

OR

AMBRÉ

ACAJOU

VIEUX

LA ROUE DES ARÔMES

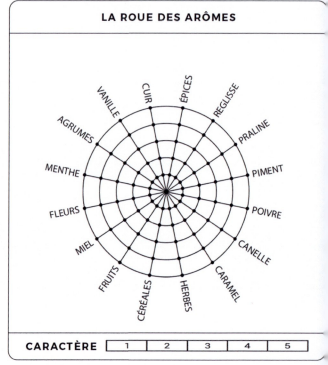

VANILLE — CUIR — ÉPICES — REGLISSE — PRALINE — AGRUMES — PIMENT — MENTHE — POIVRE — FLEURS — CANELLE — MIEL — CARAMEL — FRUITS — HERBES — CÉRÉALES

CARACTÈRE	1	2	3	4	5

NOTES

1er NEZ: 2ème NEZ:

BOUCHE:

NOTE FINALE

ROBE	☆☆☆☆☆
ARÔMES	☆☆☆☆☆
BOUCHE	☆☆☆☆☆
MOYENNE GÉNÉRALE	☆☆☆☆☆

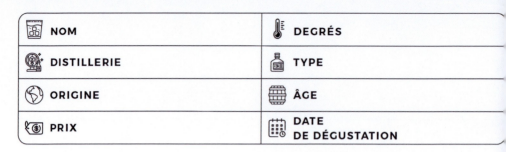

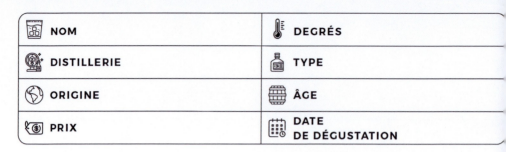 NOM	DEGRÉS
DISTILLERIE	TYPE
ORIGINE	ÂGE
PRIX	DATE DE DÉGUSTATION

COLORIMÉTRIE

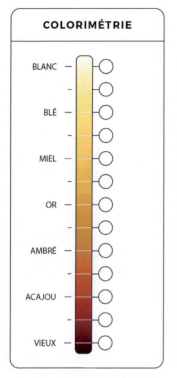

BLANC —
BLÉ —
MIEL —
OR —
AMBRÉ —
ACAJOU —
VIEUX —

LA ROUE DES ARÔMES

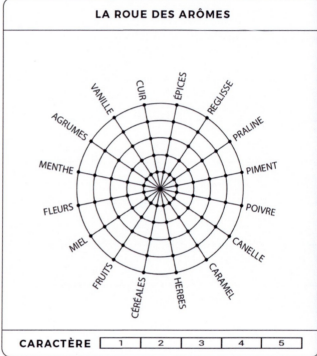

VANILLE · CUIR · ÉPICES · RÉGLISSE · AGRUMES · PRALINE · MENTHE · PIMENT · FLEURS · POIVRE · MIEL · CANELLE · FRUITS · CARAMEL · CÉRÉALES · HERBES

CARACTÈRE	1	2	3	4	5

NOTES

1ER NEZ: 2ÈME NEZ:

BOUCHE:

NOTE FINALE

ROBE	☆☆☆☆☆
ARÔMES	☆☆☆☆☆
BOUCHE	☆☆☆☆☆
MOYENNE GÉNÉRALE	☆☆☆☆☆

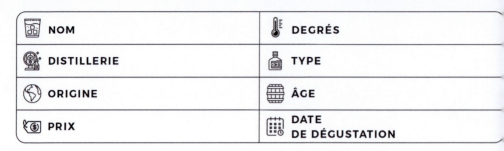

NOM	**DEGRÉS**
DISTILLERIE	**TYPE**
ORIGINE	**ÂGE**
PRIX	**DATE DE DÉGUSTATION**

COLORIMÉTRIE

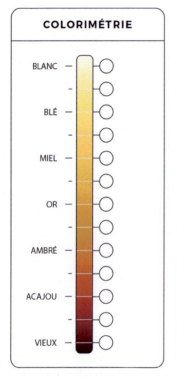

BLANC —
—
BLÉ —
—
MIEL —
—
OR —
—
AMBRÉ —
—
ACAJOU —
—
VIEUX —

LA ROUE DES ARÔMES

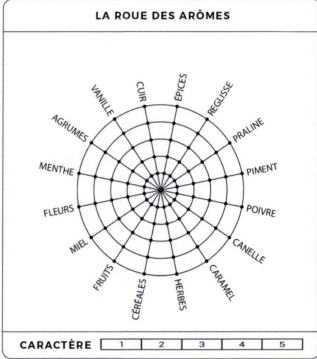

VANILLE · CUIR · ÉPICES · RÉGLISSE · PRALINE · AGRUMES · PIMENT · MENTHE · POIVRE · FLEURS · CANELLE · MIEL · CARAMEL · FRUITS · HERBES · CÉRÉALES

CARACTÈRE	1	2	3	4	5

NOTES

1er NEZ: **2ème NEZ:**

BOUCHE:

NOTE FINALE

ROBE	☆☆☆☆☆	
ARÔMES	☆☆☆☆☆	
BOUCHE	☆☆☆☆☆	
MOYENNE GÉNÉRALE	☆☆☆☆☆	

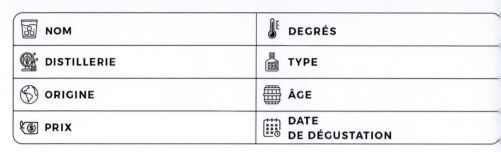

NOM	DEGRÉS
DISTILLERIE	TYPE
ORIGINE	ÂGE
PRIX	DATE DE DÉGUSTATION

COLORIMÉTRIE

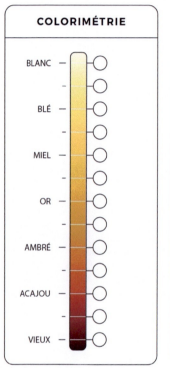

BLANC —

BLÉ —

MIEL —

OR —

AMBRÉ —

ACAJOU —

VIEUX —

LA ROUE DES ARÔMES

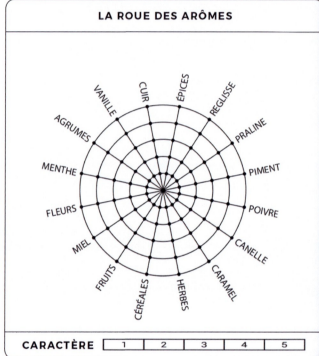

CARACTÈRE | 1 | 2 | 3 | 4 | 5 |

NOTES

1er NEZ: **2ème NEZ:**

BOUCHE:

NOTE FINALE

ROBE ☆☆☆☆☆

ARÔMES ☆☆☆☆☆

BOUCHE ☆☆☆☆☆

MOYENNE GÉNÉRALE ☆☆☆☆☆

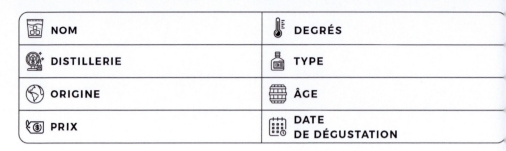

🥃 NOM	🌡 DEGRÉS
💿 DISTILLERIE	🍾 TYPE
🌍 ORIGINE	🛢 ÂGE
💰 PRIX	📅 DATE DE DÉGUSTATION

COLORIMÉTRIE

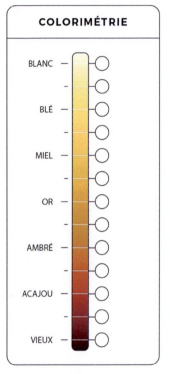

BLANC —

BLÉ —

MIEL —

OR —

AMBRÉ —

ACAJOU —

VIEUX —

LA ROUE DES ARÔMES

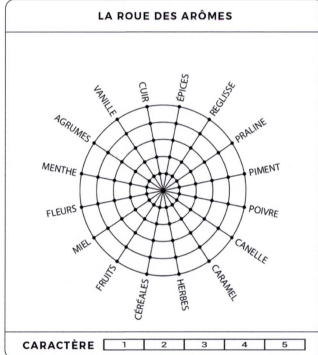

VANILLE · CUIR · ÉPICES · REGLISSE · AGRUMES · PRALINE · MENTHE · PIMENT · FLEURS · POIVRE · MIEL · CANELLE · FRUITS · CARAMEL · CÉRÉALES · HERBES

CARACTÈRE	1	2	3	4	5

NOTES

1er NEZ: **2ème NEZ:**

BOUCHE:

NOTE FINALE

🍾 ROBE	☆☆☆☆☆
🌿 ARÔMES	☆☆☆☆☆
👄 BOUCHE	☆☆☆☆☆
🖐 MOYENNE GÉNÉRALE	☆☆☆☆☆

Printed in France by Amazon
Brétigny-sur-Orge, FR